gutes leben
bene!

Was sind die namen der hoffnung?
Was ist der name deiner hoffnung?

Dorothee Sölle

Vielleicht schon morgen

Poesie der Hoffnung

Inhalt

Die Schreibweise der Texte folgt der von Dorothee Sölle gewählten Form.

Vorwort

Dorothee Sölle berührt viele Menschen mit ihrer Sprache. Sie ist in ihrer Schönheit, in ihrer Genauigkeit und Poesie einzigartig. Viele ihrer Texte werden auch ihrer Sprachschönheit wegen gesucht und verbreitet.

Ihre Sprache ist voller poetischer und biblischer Anspielungen, eigentlich nicht, weil sie eine fromme Frau war, sondern weil die Hoffnung nicht auskommt mit dem, was man sagen kann. Sie hat die Scheu vor der alten Sprache der Tradition verloren. Sie liebt gerade ihre Fremdheit, ihre Hilflosigkeit und ihre Verlorenheit in der gegenwärtigen Welt. Sie schreibt: »Die Texte sind in einer post-religiösen Gesellschaft machtloser geworden, und so kann ich sie stärker meine Lehrerinnen und Trösterinnen sein lassen. Ich brauche mich nicht mehr vor ihnen zu fürchten.«

Diese religiöse Sprache und ihre Bilder sind hörbar, weil sie nicht in sich selbst eingesperrt bleiben. In ihrem »Song auf dem weg nach emmaus« (S. 28) sieht man nicht nur die zwei Jünger, die nach dem Tod ihrer Hoffnung ihren verlorenen Weg gehen. Man sieht auch die alte Akkordarbeiterin, die Angst hat, ihre Arbeit zu verlieren. Man spürt die Angst der jungen Türkin, ausgewiesen zu werden. Man erfährt »die Angst des gejagten Kranken, eingewiesen zu werden«. Das Feuer des einen entzündet sich am Feuer des anderen. Das religiöse Bild brennt, wo es sich am Feuer der realen Not entzündet. Die reale Not bleibt nicht ohne Hoffnung, wo sie sich am biblischen Bild reibt.

»Die biblische Sprache ist nicht meine Vorbeterin, der ich nur nachbete. Sie ist das Meer, in dem meine Sprache schwimmt«, hat sie in einer Predigt gesagt. Sie muss nicht die Meisterin und Erbauerin dieser Sprache sein. Sie ist gezeugt, geboren und gezeichnet von all den Toten, die sie vor uns versucht und gestammelt haben. Sie ist gewärmt von den Händen aller, die sie gebetet und gesungen haben. Das ist der Trost dieser Tradition. Wir sind nicht verbannt in das karge Land unserer Authentizität. Wir sind Söhne und Töchter, wir haben ein Erbe.

Die Größe eines Menschen zeigt sich darin, wie viele Gegensätze er in sich vereinigt; dass er also nicht in stumpfer Einlinigkeit nur einer ist. Ein solcher vielstimmiger Mensch war Dorothee

Sölle, ein Mensch voller fruchtbarer Gegensätze. Sie hat Literaturwissenschaften studiert und hatte in New York viele Jahre eine Professur in systematischer Theologie. Sie ging in die Kirche und sie kritisierte ihre Kirchen. Sie glaubte nicht an einen Gott, »der alles so herrlich regieret«, und sie betete zu ihm. Sie war Protestantin und sang sehr gerne katholische Kirchenlieder. Den Linken war sie die Fromme, den Frommen war sie die Linke. Sie ließ sich nie darauf festlegen, nur die eine zu sein. Sie war die, deren Verhalten und Reaktionen schwer vorauszusagen waren. Keine der politischen oder religiösen Gruppen konnte sie fest zu sich rechnen. So diskutierte man darüber: Ist sie eine Linke oder doch eine Bürgerliche? Ist sie eine Feministin oder doch nicht? Da die Lust der Menschen oder Gruppen an Eindeutigkeiten groß war, irritierte sie viele. Sie kannte keine Menschenfurcht und hat ihre Vieldeutigkeit nicht versteckt.

Dorothee Sölle war eine Poetin, die nicht nur in moralischer Ungeduld von Vortrag zu Vortrag eilte. Ihre Gedichte aus dem vorliegenden Band zeigen es. Sie hat ihre poetischen Texte rasch geschrieben, meistens am Abend. Es war ihre Art, das Glück und den Schmerz eines Tages zu meditieren. Es waren ihre täglichen Tränen und ihr täglicher Jubel; ihre »Fingerübungen des Glaubens«. Seit ihrer Kindheit hat sie Gedichte gelesen und auswendig gelernt. In ihren Tagebüchern gibt es kaum eine Eintragung, in der nicht auf ein Gedicht angespielt oder eine Zeile daraus zitiert wird. Einmal trägt sie nach einem Gedicht Eichendorffs ein: »Ach, ist es nicht herrlich, dass einer das so gesagt hat, und wir dürfen es nachsprechen!« Sie selber hat erst in ihrer Lebensmitte angefangen, regelmäßig Gedichte zu schreiben. Dann aber wurde ihr die Poesie als Sprachart der Theologie immer wichtiger. Ihre Gedichte sind oft Gebete, und fast alle sind sie gebetsnah. Es war ihre Sprache, das Leben einzuklagen und das Leben zu loben.

Mai 2024
Fulbert Steffensky

Vielleicht schon morgen
könnt ich sehen nicht nur glauben
wie es einem mitgeschöpf gelingt
am straßenrand zum blühen zu kommen…

Street flower

Am straßenrand blüht eine malve
eine knospe ist beinah offen
altrosa wird sie sein
vielleicht schon morgen

Hätt ich geduld
ich würde warten
hätt ich aufmerksamkeit
ich rührte mich nicht vom fleck
hätt ich frömmigkeit
hier würde ich niederknien

Vielleicht schon morgen
könnt ich sehen nicht nur glauben
wie es einem mitgeschöpf gelingt
am straßenrand zum blühen zu kommen

1990

Weisheit

Jeden tag
die erde mit den füßen berühren
am feuer sich wärmen
ins wasser fallen
und von der luft gestreichelt sein

Wissen ein tag ohne die vier
schwester wasser und bruder feuer
mutter erde und vater himmel
ist ein verrotteter tag

Ein tag im krieg
den wir gegen alles
führen

1981

Fliegen am abend

Wie durch einen türspalt
blickt die sonne
beim ertrinken im wolkenwatt
die endlose fläche
aus bäuschen und kuhlen
dunkelt sich zu

Meine großmutter
hat sie nicht sehen können
die auslöschende sonne
über den wolken

Ich darf sie anschauen
aber es stillt nicht den alten wunsch
selber zu fliegen
bis in die sonne
die jetzt verloschen
mich morgen braucht
heller zu scheinen

1984

Konzentrationsübung

Wenn ich ganz still bin
kann ich von meinem bett aus
das meer rauschen hören
es genügt aber nicht ganz still zu sein
ich muss auch meine gedanken vom land abziehen

Es genügt nicht die gedanken vom festland abzuziehen
ich muss auch das atmen dem meer anpassen
weil ich beim einatmen weniger höre

Es genügt nicht den atem dem meer anzupassen
ich muss auch händen und füßen die ungeduld nehmen

Es genügt nicht hände und füße zu besänftigen
ich muss auch die bilder von mir weggeben

Es genügt nicht die bilder wegzugeben
ich muss auch das müssen lassen

Es genügt nicht das müssen zu lassen
solange ich das ich nicht verlasse

Es genügt nicht das ich zu lassen
ich lerne das fallen

Es genügt nicht zu fallen
aber während ich falle
und mir entsinke
höre ich auf das meer zu suchen
weil das meer nun
von der küste heraufgekommen
in mein zimmer getreten
um mich ist

Wenn ich ganz still bin

1974

Guten morgen

Einmal rief ich dich an
an einem ganz gewöhnlichen morgen
und hatte vergessen
was ich sagen wollte
und stotterte hin und her
bis du mir aushalfst
und sagtest daß ich vergessen hatte
aus dem ganz gewöhnlichen
einen guten morgen zu zaubern

1984

Was sind die namen der hoffnung

(Auszug)

Meine hoffnung heißt teschuva die umkehr
und meine mütter sagen
es gibt keinen tag und keine stunde
für niemanden in der welt
an dem die umkehr nicht möglich wäre

Es gibt kein rathaus und keinen kindergarten
keine fabrik und keine schule
keine autoindustrie und keinen chemischen konzern
keine waffenschmiede und kein fernsehprogramm
in dem die umkehr nicht möglich wäre

Meine Hoffnung heißt reue
meine hoffnung heißt teschuva
meine hoffnung heißt freiheit
von der beihilfe zum mord

Zärtlich dreht sich die erde
der kleine blaue planet
zur liebe geschaffen
auf unsere liebe wartend
UND OB ES WÄHRT BIS IN DIE NACHT
UND WIEDER AN DEN MORGEN
DOCH SOLL MEIN HERZ AN GOTTES MACHT
VERZWEIFELN NICHT NOCH SORGEN

1990

Text aus »Sunt lacrimae rerum«, Oratorium für den Planeten des Lebens. Musik: Daniel Glaus.
Texte: Kurt Marti, Adolf Muschg und Dorothee Sölle. Erstaufführung 25. und 26. November 1989 im Berner Münster.

Song auf dem weg nach emmaus

So lange gehen wir schon
weg von der stadt unserer hoffnung
in ein dorf wo es besser sein soll

Haben wir nicht geglaubt
wir könnten die angst überwinden
die angst der alten akkordlerin
krank geschrieben zu werden
die angst des türkischen mädchens
ausgewiesen zu werden
die angst des gejagten kranken
eingewiesen zu werden
für immer

So lange gehen wir schon
in dieselbe die falsche richtung
weg von der stadt unserer hoffnung
in das dorf wo wasser sein soll

Haben wir nicht gedacht
wir wären frei und könnten befreien
all die kaputten typen
das arbeiterkind das sitzenbleibt
(und bestraft wird)
den jungen auf seinem moped
zur falschen arbeit geschickt
ein leben lang
den mann der taub und stumm ist
im falschen land
zur falschen zeit
stummgemacht durch die arbeit
fürs brot allein
ein leben lang

So lange sind wir gegangen
in dieselbe die falsche richtung
weg von der stadt unserer hoffnung
die dort noch begraben liegt

Dann haben wir einen getroffen
der teilte mit uns sein brot
der zeigte das neue wasser
hier in der stadt unserer hoffnung
ich bin das wasser
du bist das wasser
er ist das wasser
sie ist das wasser

Da kehrten wir um und gingen
in die stadt der begrabenen hoffnung
hinauf nach jerusalem

Der mit dem wasser geht mit
der mit dem brot geht mit
wir werden das wasser finden
wir werden das wasser sein

Ich bin das wasser des lebens
du bist das wasser des lebens
wir sind das wasser des lebens
ihr seid das wasser des lebens
wir werden das wasser finden
wir werden das wasser sein

1974

In dieser nacht

In dieser nacht
verließen die sterne ihre angestammten plätze
und zündeten lärmfeuer an
überschallschnell

In dieser nacht
verließen die hirten ihre arbeitsstellen und
schrien sich in die verkrusteten ohren
die neuen parolen

In dieser nacht
verließen die füchse die wärmenden höhlen
und der löwe wiegte den kopf
»das ist das ende
die revolution«

In dieser nacht
liefen die rosen der erde davon
und fingen das blühen an
im schnee

1969

Zwischen zwei ängsten

Manchmal träum ich von einer großen decke
um den kleinen blauen planeten zu wickeln
und all das selbstgekochte unglück abzuhalten
    Es ist zum ersticken
    in san franzisco preisen alle busse
    ein mittel an gegen das asthma

Manchmal träum ich vom mantel gottes
der die genforscher beruhigen könnte
und die rüstungsaktien abstürzen ließe
    Es ist zum ersticken bei uns
    drei freundinnen haben brustkrebs
    zwei sind noch am leben

Manchmal träum ich von einem anderen glauben
der nicht nach ergebenheit riecht
und den megatrend nicht anbetet
    Es ist zum ersticken hier
    meine angst will auswandern
    muß ich denn ewig in ägypten bleiben

Manchmal lächle ich über die lang vergangene
angst vor gott
und seh eine neue wachsen
um ihn
sie
macht mir mut

2000

Lukas 9 vers 58

Füchse haben höhlen sagte er
häuser sind eingetragen
fernsehgeräte angemeldet
autos zugelassen

Vögel haben nester sagte er
einwohner meldescheine
anwohner sind ortsbekannt
schulpflichtige werden registriert

Nur das kind des menschen
hat keinen fleck erde
keinen schlafplatz
keinen gültigen ausweis
kein versteck vor den mächtigen
keine höhle gegen den wind
und die gewalt

2000

Der vorgang des sicherinnerns

Einmal in diesem sommer
hat der kuckuck so lange geschrien
ich suche in meinem gedächtnis
wann es war und warum
eine wilde freude über mich kam
einmal in diesem sommer

Ich seh den hang mit dem nicht mehr gemähten gras
die großen kinder stehn an eine bank gelehnt
heuschnupfen kommt mir in die nase
die wolken tauchen wieder auf
einmal in diesem sommer
hat der kuckuck so lange geschrien

Die wilde freude beim zählen
als wär er nicht auszurotten
und zu vertreiben
einmal in diesem sommer
der der vorbereitung auf den dritten weltkrieg dient
hat der kuckuck so lange geschrien

1981

Wie spatzen ihr meine wünsche

Wie spatzen sind meine wünsche
freche unmusikalische vögel
oft hab ich sie weggescheucht
auch den einen oder anderen zu boden getroffen
mit meiner analytischen schleuder
und mir einfach vorgenommen
ohne spatzen zu leben
in einem wohnschacht zum beispiel
hell erleuchtet gar nicht besonders schmutzig
hübsche sachen zum aussuchen und einwickeln
finde ich dort die trag ich
von einem ende der u-bahnstation
zum andern
warum nicht gleichmäßig mein leben zubringen
ohne die störenfriede
arglos kommen sie wieder
suchen mich auf und besetzen das land
wie oft hab ich sie weggescheucht
freche unmusikalische vögel
wie spatzen ihr meine wünsche

1981

Zärtlich dreht sich die erde
zur liebe geschaffen
auf unsere liebe wartend…

Vom baum lernen

der jeden tag neu
sommers und winters
nichts erklärt
niemanden überzeugt
nichts herstellt

Einmal werden die bäume die lehrer sein
das wasser wird trinkbar
und das lob so leise
wie der wind an einem septembermorgen

1979

Morgens

Ein regen fällt und weckt mich auf
laut trommeln die großen tropfen
rote früchte seh ich vor augen
im schlaf noch hör ich sie fallen
auf mich die erde rollen die tropfen
der bäume und aufwachend
horch ich ihr nach der jetzt verstummten musik
vom himmel verloren ist sie
und ich mit ihr wozu aufstehn

1990

Breathe on me breath of god

Nach edwin hatch, 1878 (Englisches Kirchenlied)

Atem gottes hauch mich an
füll du mich wieder mit leben
daß ich was du liebst lieben kann
und rette was du gegeben

Atem gottes weh mich an
bis mein herz dir offen
bis ich was du willst wollen kann
im handeln und im hoffen

Atem gottes blas mich an
bis ich ganz dein werde
bis dein feuer in mir brennt
auf der dunklen erde

Atem des lebens atme in mir
lehr mich die luft zu teilen
wie das wasser wie das brot
komm die erde zu heilen

2000

Eine blume namens jakobsleiter

Ich hab mir die engel immer riesig vorgestellt
so daß ein flügel mich ganz verstecken könnte
heute erst seh ich
wie klein sind die sprossen der leiter
zwischen blau und gold
und ich steige auf und ab
und werde nicht müde
die farben tönen zu hören

2000

Christus unser bruder

wer aus der Wahrheit ist der hört deine stimme

Aber wir wissen daß wahrheit
zu groß für uns ist
und begnügen uns mit dem machbaren
und hören die stimme
eines intelligenten römischen diplomaten
namens pontius pilatus

Seit jahrhunderten reißen wir die wahrheit
und liebe in stücke
und besitzen richtigkeiten

Hilf uns hinein
in deine wahrheit
die nicht ohne schmerz zu haben ist
in deine liebe ohne alle maßen
die uns andere augen gibt
als die vom erfolg behexten und andere ohren
unsere geschwister zu hören

Hilf uns hinein in deine wahrheit
laß unser gesicht sichtbar werden
daß wir weinen lernen mit den weinenden
und nicht zuschauer bleiben
die das programm wechseln

Laß uns wissen
daß wir in deinem tod geborgen sind
mit unsern niederlagen und unsern zweifeln
mit unserm schmerz und unserm sterben

Christus unser bruder
wer aus der wahrheit ist der sieht dich weinen
in den obdachlosen unserer stadt

2000

Credo für die erde

Ich glaube an gottes gute schöpfung die erde
sie ist heilig
gestern heute und morgen

Taste sie nicht an
sie gehört nicht dir
und keinem konzern
wir besitzen sie nicht wie ein ding
das man kauft benutzt und wegwirft
sie gehört einem anderen

Was könnten wir von gott wissen
ohne sie unsere mutter
wie könnten wir von gott reden
ohne die blumen zu loben
ohne den wind und das wasser
die im rauschen von ihm erzählen
wie könnten wir gott lieben
ohne von unserer mutter
das hüten zu lernen und das bewahren

Ich glaube an gottes gute schöpfung die erde
sie ist für alle da nicht nur für die reichen
sie ist heilig
jedes einzelne blatt
das meer und das land
das licht und die finsternis
das geborgenwerden und das sterben
alle singen das lied der erde

Laßt uns nicht einen tag leben
und sie vergessen
wir wollen ihren rhythmus bewahren
und ihr glück leuchten lassen
sie beschützen vor habsucht und herrschsucht
weil sie heilig ist
können wir suchtfrei werden
weil sie heilg ist
lernen wir das heilen

Ich glaube an gottes gute schöpfung die erde
sie ist heilig
gestern heute und morgen

2000

Deine werke sind groß und viele

du hast sie alle weise geordnet

Ich möchte in deiner ordnung leben
aber um mich entsteht
eine zweite schöpfung
dauerhafter und praktischer als deine
getragen vom willen zur macht
und ohne jedes spiel

Gott sag mir wo ich hin soll
vor ihren ausweisen und kontrollen
ihren bildschirmen und befehlen
ihren süchten und ängsten

Ich freue mich deiner und der alten erde
ich will für dich singen mein leben lang
ohne apparate will ich dich loben
deinem licht will ich glauben
in dich will ich fallen
schein doch gott

Licht ist dein kleid das du anhast
freu dich deiner werke
freu dich auch in mir

2000

Durchwachte nacht

Durchwachte nacht die sterne nah wie nie
die milchstraße nebenan
trauer fällt über mich her und schlägt zu

Eine sternschnuppe fällt aus nichts
ins nichts
geschlagen kann ich nicht wünschen

Sie rücken ab die nahen sterne
verschwinden zu spät bete ich
um tränen

Zwei traurigkeiten soll es geben
eine der welt und sie führt zum tod
eine gottes und sie soll zum leben führen

Ich weiß sie nicht
zu unterscheiden

1990

Fürchte dich nicht

Die herrschenden können die schrift an der wand
nicht mehr übersehen
die beherrschten kehren sich ab vom kopfnicken
die waffenhändler wagen nicht mehr
über die am boden liegenden zu steigen
die bischöfe geben die schlüpfrigen reden auf
und sagen nein
die freunde jesu blockieren die straße des overkill
die schulkinder erfahren die wahrheit

Woran sollen wir einen engel erkennen
außer daß er mut macht wo angst war
freude wo nicht mal mehr trauer wuchs
einspruch wo sachzwang herrschte
abrüstung wo terror glaubwürdig drohte

Fürchte dich nicht der widerstand wächst

1981

1. johannesbrief 4 vers 18

Die vollkommene liebe lese ich in dem buch
treibt die furcht aus
solange ich denken kann wollte ich wissen
was die vollkommende liebe sei und wo sie zu finden
und stolperte über meine füße
immer wenn ich meine ich könnte meine ängste
nennen
dann finde ich unter der letzten eine allerletzte
versteckt
und hinter der allerletzten von gestern
kommt eine andere hervorgekrochen
wie dumm über die eigenen füße zu stolpern
wie feige nicht alle im eigenen haus lebenden zu
kennen
auch die unvollkommene liebe sage ich mir
treibt und treibt aus
viele ängste doch nicht genug
über deine stimme könnte ich zumindest das sagen
daß sie bestimmt ist und warm
und austreiberisch

1981

Manchmal träum ich von einer großen decke
um den kleinen blauen planeten zu wickeln
und all das selbstgekochte unglück abzuhalten…

Antwort

auf die frage ob das christentum
etwas befreiendes für mich habe

Es war immer langweilig in der kirche
hör ich sagen aber
die es mir sagt ist schon lange erstickt

Es hat mich nicht angesprochen
hör ich sagen aber
ich habe keine sprache gehört
als sie den lautsprecher abstellten

Es hat mir immer angst gemacht
hör ich sagen aber
der es mir sagt ist täglich beschäftigt
den overkill zu verbessern

Das evangelium hat mich weinen gelehrt
es hat mir angst gemacht vor den angstlosen
es hat mich angesprochen
unter den sprachlosen
es hat mich durstig gemacht
unter den gelangweilten

Das ist ein relativer fortschritt

1981

Als jesus kam

(Auszug)

4
Vergleiche ihn ruhig mit anderen größen
sokrates
rosa luxemburg
gandhi
er hält das aus
besser ist allerdings
du vergleichst ihn
mit dir

5

Es gilt dies als größe
daß er nichts sagte
als sie ihn fesselten
als sie ihn hereinstießen
als sie ihm ins gesicht leuchteten
als sie ihn fragten
als sie über ihn berichteten
als sie über ihn logen
als sie über seinen vater logen
als sie über seine brüder logen
als sie über seine schwestern logen
als sie über seine absichten logen
daß er nichts sagte
es gilt als größe
ich weiß nicht

Wenn sie über ihn lügen
möchte ich schreien

6

Er schwitzt blut
darum sagt er
wein nicht

Er wird aufgeben
darum sagt er
gib nicht auf

Er wird verkauft
darum sagt er
rechne nicht aus

Er wird verurteilt
für seine sache den himmel
darum sagt er
sieh hin die erde

Er fürchtet sich
vor gestern vor heute vor mir vor denen
darum sagt er
fürchte dich nicht

1969

Gebet nach dem 90. psalm

(Auszug)

Dreh dein gesicht zu uns gott
komm zu denen die nach dir ausschau halten
mach uns satt am morgen von deinem licht
daß wir musik machen und kein tag ohne freude sei
freue uns doch wieder gott nach all den jahren der leere
im land der plünderer
da blut an unsern bankpalästen klebt
bring uns brot und rosen mit gott

Deinen glanz steck den kindern ins haar
sei hell über uns mach uns leicht
zu kommen und zu gehen
und hilf uns deine welt bewahren
und treib das werk unserer hände voran
die gute arbeit der befreiung

1990

Meditation über lukas 1

Es steht geschrieben daß maria sagte
meine seele erhebt den herren
und mein geist freut sich gottes meines heilands
denn er hat die niedrigkeit seiner magd angesehen
siehe von nun an werden mich seligpreisen
alle kindeskinder

Heute sagen wir das so
meine seele sieht das land der freiheit
und mein geist wird aus der verängstigung
herauskommen
die leeren gesichter der frauen werden
mit leben erfüllt
und wir werden menschen werden
von generationen vor uns den geopferten erwartet

Es steht geschrieben daß maria sagte
denn er hat große dinge an mir getan
der da mächtig ist
und dessen namen heilig ist
und seine barmherzigkeit währt
von geschlecht zu geschlecht

Heute sagen wir das so
die große veränderung die an uns
und durch uns geschieht
wird mit allen geschehen - oder sie bleibt aus
barmherzigkeit wird geübt werden
wenn die abhängigen
das vertane leben aufgeben können
und lernen selber zu leben

Es steht geschrieben daß maria sagte
er übt macht mit seinem arm und zerstreut
die hochmütigen
er stößt die gewaltigen von ihren thronen
und die getretenen richtet er auf

Heute sagen wir das so
wir werden unsere besitzer enteignen und über die
die das weibliche wesen kennen werden wir
zu lachen kriegen
die herrschaft der männchen über die weibchen
wird ein ende nehmen
aus objekten werden subjekte werden
sie gewinnen ihr eigenes besseres recht

Es steht geschrieben daß maria sagte
hungrige hat er mit gutem gefüllt
und die reichen leer hinweggeschickt
er gedenkt der barmherzigkeit und hat sich
israels seines knechts angenommen

Heute sagen wir das so
frauen werden zum mond fahren
und in den parlamenten entscheiden
ihre wünsche nach selbstbestimmung
werden in erfüllung gehen
und die sucht nach herrschaft wird leer bleiben
ihre ängste werden gegenstandslos werden
und die ausbeutung ein ende haben

1974

Ein klagegebet

Gott unsere mutter
an den wasserflüssen babylons
sitzen unsere freunde und weinen
verschleppte vertriebene flüchtlinge
die wir asylanten nennen
die die spuren der angst und des leidens
und des heimwehs an ihrem körper tragen
sitzen sie bei uns in babylon
wo wir türme in den himmel bauen
und die tiefflieger aufheulen lassen
zwischen himmel und erde
sitzen sie und weinen
gott unser vater
auch wir sind nicht ganz zu hause hier in babylon
zwischen unsern atomfabriken
und atombomben und atomherren
auch wir weinen wenn wir an zion denken
deine stadt voller brunnen
mit unverseuchtem wasser
und voller gerechtigkeit
auch wir hängen unsre harfen in den wind

weil wir nicht singen mögen
nicht deutschland über alles und nicht
kein schöner land kommt über unsre lippen
gott unser bruder
du hast die traurigkeit gekannt
du hast angst gehabt wie jede von uns
sogar deine freunde haben dir angst gemacht
sogar deine familie und dein land
das besetzt war wie unsres
hat dir angst gemacht
und deine kirchen haben dir keinen schutz geboten
gott du geist des mutes
gib daß wir unsere traurigkeit leben
ohne aufzuhören dich zu lieben
gib daß wir mitten in babylon
die brunnen lebendigen wassers suchen
und laß uns alle nicht verdursten
im ungerechten land
nach gerechtigkeit

1990

Ich bin nicht allein

An einem strahlenden tag im november
besprech ich alles mit meinem baum
der wind hat ihm die krone geplündert
halb hängt er noch
voll rost und gold

Der wind wird dir die schätze nehmen
sag ich ihm und er lächelt wippend
weißt du ich lebe unter räubern
sie haben mich eingesperrt unter ihrem beton
ihre panzer walzen die kleinen bäume platt
klag ich ihm und er
auf dreierlei blättern spielend raunt
kommt winter kommt früher
kommt gift kommt sonne
kommt wasser kommt liebe

Meinst du gott kommt wieder hier vorbei
frag ich ihn absichtsvoll
er lächelt wippend
halb hängt er noch
voll rost und gold

1990

Die fehlenden akkorde im gesangbuch

Die fehlenden akkorde
verstummte melodie
der unentdeckten töne
ach vergiss sie nie

Die wunder aus alten zeiten
geschichten frei und heiter
vor thronen und atomen
erzähl sie treulich weiter

Die ungespielten Wirbel
der tagesträumerei
angst nie gelebt zu haben
sie tönen mit dabei

Wir werden noch lachen und summen
als wären wir nie allein
als blieben die fichten am leben
als fiele gott singend ein

2000

Römer 7

Ich will rechtlos sein an dir
aber in mir versteckt sich eine juristin
ich will landlos sein mit dir
aber in mir hockt ein besitzer
ich möchte etwas geschenkt bekommen
aber ich melde ansprüche an
das böse das ich nicht will
tue ich
und das gute das ich will
schick ich weg
ich verspiele die gnade
und kaufe das recht

1990

Ein liebesgedicht

Ein geschäftiger tag ohne würde
eine nacht ohne freude
aufwachen ohne traum
noch besetzt vom grübeln
fahr ich die verfallene straße durch harlem

Plötzlich taucht vor mir auf
golden aus feuer
schöner als alle
mein geliebter die sonne
wir fahren in seine ausgebreiteten arme
es bebt sein roter körper
vor licht
und er schüttet es mir ins gesicht
und in den schoß
er schmilzt den krampf in meiner schulter
und ich öffne den mund
um ihn zu trinken
meinen geliebten die sonne

Als wir bei triboroughbridge nach süden biegen
denk ich wie manchmal an bahnhofsgleisen
ich will mich nicht mehr trennen lassen
bin nicht ohne dich

1990

Gott lass uns jeden tag
deine stimme hören
wie sie uns ruft es werde…

Deine leuchtende stimme

Gott laß uns jeden tag dein licht erblicken
laß uns nicht weglaufen vor deinem licht
und nur den verkehr das büro und das fernsehen
sehen
gib uns augen für dein licht am morgen
für dein licht im november
für dein licht in den augen einer katze

Gott laß uns jeden tag dein licht anschauen
laß uns nicht deine welt benutzen
wie touristen eine landschaft als fotoobjekt
wie schnellfahrer eine autobahn
wie männer oft eine frau benutzen
lehr uns dich in allen dingen zu lieben
auch in denen die wir nicht benutzen können

Gott laß uns jeden tag auch heute dein licht sehen
laß uns nicht uns selber verzwecken
und nur das notwendige das ernste tun
spiel mit uns gott und laß uns mit dir spielen
wie der wind auf dem wasser spielt im licht
wie das staunen und die neugier
auf dem gesicht des neunjährigen spielen
und die frühlingsblüten am straßenrand
zusammengekehrt vom wind
gott laß uns jeden tag auch heute dein licht sehen
in einer kleinen pfütze am weg

Gott laß uns jeden tag deine stimme hören
wie sie uns ruft es werde
komm heraus aus der arche
nimm dein bett und geh siehe ich stehe vor der tür
laß uns keinen tag in unserem Leben
nur trivial funktionieren
keinen tag in unserem leben sein
ohne deine leuchtende stimme
ohne dein drängendes licht

2000

Ohne zu lügen

Schaffe in mir gott ein neues herz
das alte gehorcht der gewohnheit
schaff mir neue augen
die alten sind behext vom erfolg
schaff mir neue ohren
die alten registrieren nur unglück
und eine neue liebe zu den bäumen
statt der voller trauer
eine neue zunge gib mir
statt der von der angst geknebelten
eine neue sprache gib mir
statt der gewaltverseuchten
die ich gut beherrsche
mein herz erstickt an der ohnmacht
aller die deine fremdlinge lieben
schaffe in mir gott ein neues herz

Und gib mir einen neuen geist
daß ich dich loben kann
ohne zu lügen
mit tränen in den augen
wenns denn sein muß
aber ohne zu lügen

2000

Störungen

Ich möchte ein gedicht über deine hände
aufschreiben
        aber immer wenn ich anfange
        kommen die hände der kinder
        die schulbrot wollen ein pflaster eine unterschrift
        mir dazwischen

Ich wollte sagen wie deine hände
am tag zwischen nägeln holz und tapeten
genau sind und ohne sorge und leicht
        aber immer wenn ich schon beinah
        das holz werde das du berührst
        kommen die hände der depressiven
        die nichts mehr halten können
        mir dazwischen

Ich wollte sagen warum deine hände
mich lachen machen
in der nacht wenn sie mich berühren
als wär sommer die ganze zeit
und gäb es viel himbeeren am waldrand
    aber immer wenn ich gott gern gelobt hätte
    kann ich die fahrigen hände
    die nicht wissen wie man liebt
    nicht vergessen

So wird mein gedicht über deine hände
    nicht fertig
    in diesem leben

1984

Ein leeres kinderzimmer

Und ich sah ein leeres kinderzimmer
nur ein alter bär bewohnte es
und zwei püppchen schwatzten miteinander
ich fand einen halbleeren kleiderschrank
ich brauch nicht mehr brummte der alte mann
ich nehm mir viel zeit
ich bin nicht arm
ich will nicht reich werden
ich will meine ruhe haben
nicht kaufen müssen und mich nicht verkaufen
niemanden ausstaffieren und mich lassen wie ich bin
meine hände leer machen
daß ich das beten anfange
ich will loslassen lernen
und wenn ich alles gelassen habe
werde ich frei sein
und wenig spielzeug brauchen

und mit dir gehen
und selber singen
in dem sanften anderen land

2000

Kinder ohne schuh

Das hemd schon verwachsen
dem fahrrad fehlen schrauben
sie tragen behutsam
wie man die hostie hält bei uns
das zeichen des lebens
das tintenfaß

1974

Der lange marsch

(Auszug)

1
Vielleicht haben wir uns das zu einfach gedacht
als wir losgingen damals
auf dem langen marsch durch die wüste
um bessre methoden zu finden füreinander dazusein

O herr haben wir gedacht mach uns zum werkzeug
deines friedens
aber was kam war der lästige streit mit der behörde
die ordnung will und nicht frieden
die tägliche mühsal um nichtigkeiten
und das schreckliche alleingelassenwerden
da wurden die werkzeuge des friedens
zu querulanten und lästigen störern
der schönen einstimmigkeit

2

Viele haben es jetzt schon immer gewusst
dass nichts zu machen ist im rahmen der kirche
wer kann schon jahrelang von manna leben
und keinen sinn sehen in dem was er tut

Viele haben es satt und wünschen sich nach ägypten
wo steuern flossen wie milch und honig
und die kirchen voll waren und die lieder
von allen gekannt fröhlich klangen

Wenig hilfe von unten selten verstanden zur seite
und von oben der uralte trick
jede frage zur sache als disziplinarfall zu nehmen
um herrschaft zu sichern und ordnung
und die unanständige sprache des einfachen volkes
fernzuhalten von allen kanzeln

Die wüste durch die wir wandern
voll friedlosigkeit voll angst
voll ohnmacht voll verschleierung

O herr mach uns zum werkzeug deines friedens
werkzeug der konflikte nicht der einstimmigkeit
werkzeug der wahrheit nicht der umschreibenden
verhüllung
werkzeug des glücks und nicht der einschläferung

Laßt uns zusehen ob das geht

3

Was brauchen wir für den frieden

wir wollen das jetzt mit dir besprechen gott
wir brauchen viel mehr freunde
um mehr frieden machen zu können
freunde aus verschiedenen klassen auch solche
ohne thomas mann
freunde aus verschiedenen konfessionen auch solche
mit rosenkränzen
freunde aus verschiedenen geschlechtern auch
homos und lesben
freunde mit verschiedenen interessen auch solche
die wir nicht mögen
freunde die miteinander eine vision teilen
vom frieden
der herstellbar ist
freunde die glauben

Bewahre uns vor dem romantischen irrtum gott
die freundschaft sei ein geschenk und vom himmel
und vor dem konservativen irrtum
sie wachse in langen jahren wie bäume
lehre uns erkennen dass sie arbeit ist
und gebaut wird wie alles was gut ist für uns

Wir brauchen freunde die wissen
daß man nicht alles mit ihnen machen kann
die eine stimme haben und mitbestimmen
die solidarität üben mit dem der gemaßregelt wird
die immer angstloser werden
und so den frieden verbreiten

Erinnert euch auch an die freunde von nebenan
viele haben neues versucht
mit feiern mit singen mit essen
laßt uns das neue wiederholen
unsere sache hat eine tradition

Wir brauchen freunde
vielleicht haben wir sie schon
viele menschen lassen sich verlocken zum frieden
mehr als wir denken und sehen
laßt uns dem alten ruf folgen
und menschen fischen

1974

Krieg

Wir können nicht denken
was wir nicht tun
darum ist es nicht genug
die todespläne bekanntzumachen
die todesingenieure zu enttarnen
den todesprofit zu errechnen

Wir können nicht fühlen
was wir nicht tun
darum ist es nicht genug
den frieden zu loben
den frieden zu träumen
um frieden zu bitten

Wir können nicht leben
was wir nicht tun
darum ist es nicht genug zu sehen
den krieg gegen die vögel und bäume
den krieg gegen die kinder der armen

Wir leben im krieg
mit uns selbst
weil wir uns unterwerfen
dem grundgesetz
der gewalt

1984

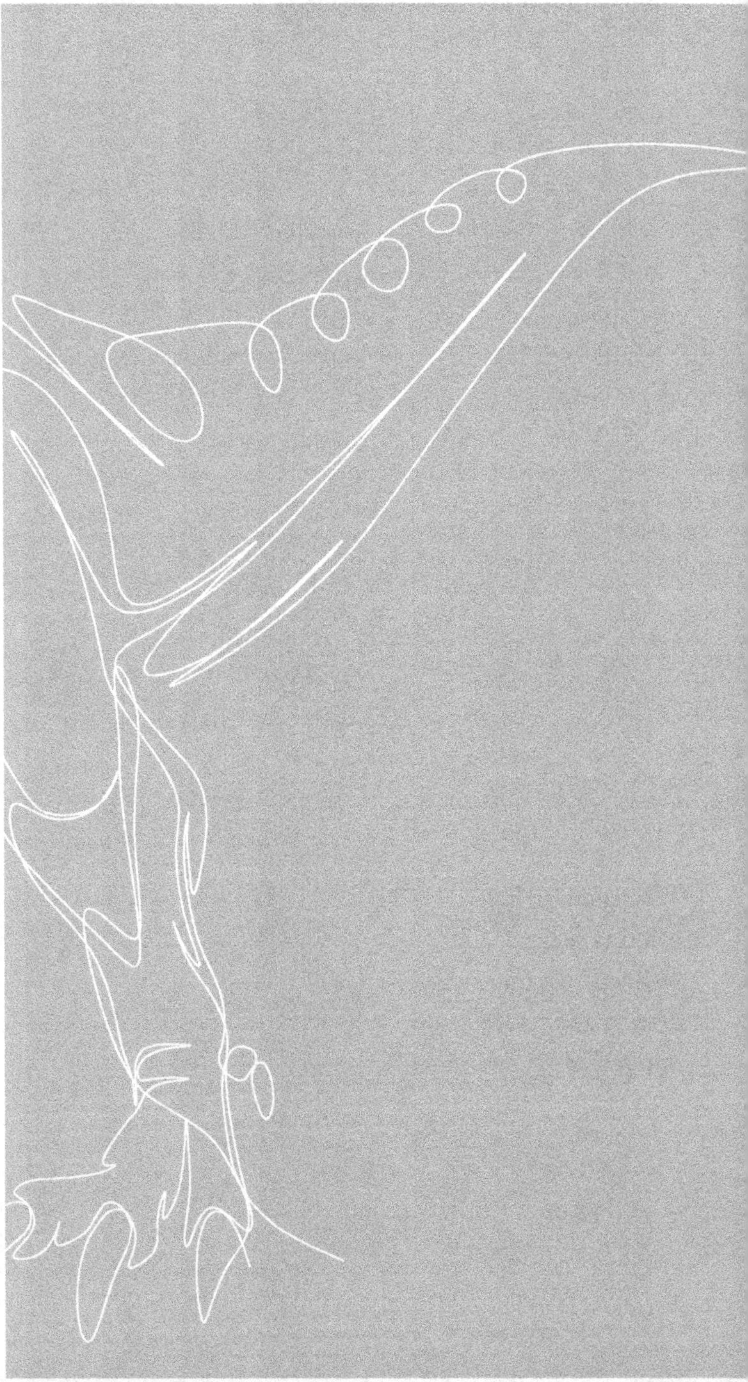

Dinosaurier

Die dinosaurier
haben sich während der letzten dreißigtausend jahre
nicht verändert
ihre waffentechnik war zu gut
kein feind konnte ihnen
dank des schuppenpanzers
und ihrer weitausgreifenden arme
etwas wollen
auch die theorie
des ersten vernichtungsschlags
scheint ihnen bekannt gewesen zu sein
ihr sicherheitsbedürfnis muß
unvorstellbar gewesen sein
so daß intelligenz und gefühl
in den relativ kleinen gehirnen
sich nicht entwickeln konnten

1981

Johannes 20 vers 13

Manche von uns sind so verzweifelt
daß sie nichts sagen können
daß sie nicht klagen können
sie bleiben stumm
ihr leben lang
    gott bitte hör ihre klage
    wenn sie vor dem geleerten glas sitzen
    sieh ihren schrei in den fahrigen gesten
    gott hör du was sie nicht sagen

Manche von uns sind so verzweifelt
daß sie nicht weinen können
sie habens verlernt
sie bleiben trockenen auges
ihr leben lang
    gott bitte sieh ihre traurigkeit
    vergib ihnen ihre versteinerung
    und sammle die ungeweinten tränen

Manche von uns sind so verzweifelt
daß sie noch nie einen engel gesehen haben
sie leben ohne daß jemand sie fragt
frau warum weinst du
sie glauben dir eine geschichte nur halb
und bleiben allein beim weinen
    gott bitte schick einen engel
    zu fragen warum weinst du
    schicke eine von uns zu fragen warum
    damit wir alle nicht allein bleiben
    vor den gräbern
    wo unsere hoffnungen verscharrt liegen
    und lehr uns klagen
    und lehr uns weinen
    und zeig uns die engel
    die schon am grab auf uns warten

1990

Kyrie

Herr wir bringen vor dich alle unsere angst
die angst alt zu werden und die angst vor dem tod
die angst allein dazustehen und die
verlassen zu werden
die angst vor den aufgaben denen wir
nicht gewachsen sind
und die angst davor nicht gebraucht zu werden
alle ängste bringen wir zu dir gott
die die wir kennen und die die hinter den bekannten
lauern
herr erbarme dich

Christus wir bringen unsere traurigkeit zu dir
unsere müde milde verzweiflung
über die ausrottung unserer geschwister der tiere
und pflanzen
und unser kaltes entsetzen über das geschäft
mit der entstehung des lebens
nimm unsere schwäche und unsere angst in dein herz
christus erbarme dich

Gott du dunkler grund allen lebens
wir bringen uns selber vor dich
daß du uns auffängst wenn wir fallen
und wir wissen daß wir nicht aus dir
herausfallen können
in keinem augenblick unseres daseins
herr erbarme dich

1990

Gebet nach dem 1. johannesbrief 3 vers 2

(Auszug)

Und ist noch nicht erschienen was wir sein werden
o gott der du alles geschaffen hast
wann wird es so weit sein
daß wir es sehr gut nennen wie du
wann werden wir sichtbar
wann wird die wahrheit scheinen

Wann wird man an unseren gärten und feldern sehen
hier wohnen die sanften kinder der erde
die das vergewaltigen nicht gelernt haben
und das plündern verlernten
hier wohnen kleine menschen
die die türme nicht in den himmel bauen
und die tiere nicht zu tode testen

Gott du freundin der menschen freund der erde
komm bald
mach uns sichtbar
töchter und söhne
in deinem reich

1990

Viele menschen lassen sich verlocken zum frieden
mehr als wir denken und sehen
laßt uns dem alten ruf folgen
und menschen fischen…

Kinderfragen

Es gibt viel angst mein jüngstes
die ich dir nicht nehmen kann
großmutter ist gestorben
und panzer brauchen sie für den krieg

Es gibt viel ich kann nicht
wenn du mich fragst mein jüngstes
großmutter schälte kartoffelschlangen
der friede ist ein hirsekorn klitzeklein

Die großen jungs in den panzern
fürchten sich auch und wollen lieber nicht rein
das reich gottes ist noch winziger
als du warst und wird ein baum sein

Darunter zu wohnen

1981

Die zuschauerin

Eine alte frau am fenster hob
verstohlen den vorhang
auf die straße zu spähen
zur menschenkette
die sich gegen den krieg stellt

Sie mochte wohl dabeisein die alte frau
aber es waren vier stockwerke
und sieben wohnungsparteien
man konnte sie sehen

Die alte frau hat angst gehabt
achtundsechzig jahre
lang hat man sie verhetzt noch reicht der mut nicht
noch schläft ihr zorn

Eines tages
geht sie weg von ihrem fenster
und kommt langsam die treppe herunter
ohne vorhang nur mit sich
ihre füße
werden auf ihr herz hören eines tages

1990

Anmerkung:
Die Inselgruppe Solentiname in Nicaragua war die Heimat des Poeten, Politikers und Priesters Ernesto Cardenal, der dort in den 60er-Jahren des 20. Jahrhunderts eine christliche Genossenschaft gründete, die den Machthabern ein Dorn im Auge war. Sein Buch »Das Evangelium der Bauern von Solentiname« machte das Sozialprojekt, das bis heute besteht, auch in Deutschland bekannt.

Solentiname

An der landestelle wacht ein junger soldat
das gewehr in der einen hand
schlingt er das tau unseres bootes
langsam mit seiner linken um den pfosten

Zwei hände hat er
die mütter die fischer die kaffeepflückerinnen
brauchen zwei hände
zu arbeiten und zu lieben

Die hand die das gewehr halten muß
beschützt den frieden
die hand die das gewehr halten muß
fehlt uns für den frieden

1984

Der frieden

Der frieden muss sich verstecken
im unterstand steht er ein doktor
der splitter sucht
in der lunge des kleinkinds
in der höhle sitzt er ein lehrer
der mädchen zeigt
wie man bomben entschärft
im bunker hockt er eine mutter
die dem kleinen die brust gibt
bei schichtwechsel

Unter der erde wohnt er
nicht auf erden

1974

Gebet nach dem 90. psalm

(Auszug)

Was uns tausendjährig scheint und unaufhebbar
die blutige gewalt
ist dir eine kurze nachtwache
auch tyrannen brechen erschöpft zusammen
wirtschaftskonzerne lösen sich auf
und das wissen unfehlbarer parteien
wird zum schnee vom vergangenen jahr
es blühte die sklaverei und war profitreich
aber am abend deines tages war sie verdorrt
es kletterten die erträge der rüstung bis
in den himmel

aber dein zorn läßt sie zugrundegehen
und dein grimm wird den geraubten
wohlstand vernichten
unsere ausplünderung der armen machst du offenkundig
unsere gut verschleierten verbrechen stellst du ins licht
so fährt unsere zeit schnell dahin in angst vor der
wahrheit
wir verbringen unsere jahre wie auf dem drogentrip
der umkippt zum horror

1990

Der dritte weg

Wir sehen immer nur zwei wege
sich ducken oder zurückschlagen
sich kleinkriegen lassen oder
ganz groß herauskommen
getreten werden oder treten

Jesus du bist einen anderen weg gegangen
du hast gekämpft aber nicht mit waffen
du hast gelitten aber nicht das unrecht bestätigt
du warst gegen gewalt aber nicht mit gewalt

Wir sehen immer nur zwei möglichkeiten
selber ohne luft sein oder andern die kehle zuhalten
angst haben oder angst machen
geschlagen werden oder schlagen

Du hast eine andere möglichkeit versucht
und deine freunde haben sie weiterentwickelt
sie haben sich einsperren lassen
sie haben gehungert
sie haben die spielräume des handelns vergrößert

Wir gehen immer die vorgeschriebene bahn
wir übernehmen die methoden dieser welt
verachtet werden und dann verachten
die andern und schließlich uns selber

Laßt uns die neuen wege suchen
wir brauchen mehr phantasie als ein rüstungsspezialist
und mehr gerissenheit als ein waffenhändler
und laßt uns die Überraschung benutzen
und die scham die in den menschen versteckt ist

1990

Zeitansage

Es kommt eine zeit
da wird man den sommer gottes kommen sehen
die waffenhändler machen bankrott
die autos füllen die schrotthalden
und wir pflanzen jede einen baum

Es kommt eine zeit
da haben alle genug zu tun
und bauen die gärten chemiefrei wieder auf
in den arbeitsämtern wirst du
ältere leute summen und pfeifen hören

Es kommt eine zeit
da werden wir viel zu lachen haben
und gott wenig zum weinen
die engel spielen klarinette
und die frösche quaken die halbe nacht

Und weil wir nicht wissen
wann sie beginnt
helfen wir jetzt schon
allen engeln und fröschen
beim lobe gottes

2000

Klavier üben

Meine kleine tochter spielt eine tonleiter
und geht immer einen schritt zurück
eh sie zwei vorwärts macht
sehr lange versucht sie das

Meine kleine tochter spielt eine tonleiter
und ich höre ihr zu
es sind nicht die klaviertöne
es ist nicht die mechanik
es ist nicht der fortschritt
es ist die geduld

Das langsame unbeirrbare wachsen
aber wie lange üben wir schon
spielen immer wieder
die tonleiter f-r-i-e-d-e-n

Spiel noch einmal kleine tochter
du tröstest mich

1984

Mir träumte von einem leiterwagen
ich sah ihn nur kurz
aber ich hörte ihn klappern
auf den kleinen pflastersteinen…

Der leiterwagen

Mir träumte von einem leiterwagen
ich sah ihn nur kurz
aber ich hörte ihn klappern
auf den kleinen pflastersteinen

Ein unverstandener traum
lese ich im talmud
ist wie ein ungeöffneter brief

Nie hab ich als kind
den leiterwagen bekommen
den ich mehr als alles brauchte

Später sah ich den großen wagen
über derselben straße
und wunderte mich
ob ich in ihm fahren könnte

Den brief hab ich geöffnet
aber lesen kann ich ihn nicht
ganz undeutlich entziffere ich
ein verblaßtes wort namens frieden

1981

Gebet nicht aus der liebe zu fallen

Ich möchte dich niemals ganz kennen
ich will dich nicht einschließen
wenn ich über die männer rede
ich möchte nicht stolz sein
auf richtige voraussagen
ich möchte mich nicht gewöhnen
an das was mich traurig macht

Ich möchte nie sagen sicher sicher
aber was können wir tun gegen den hunger
ich möchte diese gottlose rede nicht denken
nicht zu dir und nicht für uns

In der allgemeinen verzweiflung
werde ich mich schämen
für richtige voraussagen
werde ich den schmerz schmerz nennen
und nicht soisteseben
werde ich mich nicht
zum connaisseur machen lassen

In der allgemeinen verzweiflung
werde ich den Tyrannen ganz genau kennen
und seine freunde an der tötungsmaschine
dich werde ich nicht kennen

Gott werd ich erzählen was ich über dich weiß
meinst du das war alles lacht er mich aus
und hast du den engel übersehen
hinter dem vornübergebeugten rücken

1981

Minderheiten

Lehre uns minderheit werden gott
in einem land das zu reich ist
zu fremdenfeindlich und zu militärfromm
paß uns an deine gerechtigkeit an
nicht an die mehrheit
bewahre uns vor der harmoniesucht
und den verbeugungen vor den großen zahlen

Sieh doch wie hungrig wir sind
nach deiner klärung
gib uns lehrerinnen und lehrer
nicht nur showmaster mit einschaltquoten
sieh doch wie durstig wir sind
nach deiner orientierung
wie sehr wir wissen wollen was zählt

Verschwistere uns mit denen die keine lobby haben
die ohne arbeit sind und ohne hoffnung
die zu alt sind um noch verwertet zu werden
oder zu ungeschickt und zu nutzlos

Weisheit gottes zeig uns das glück derer
die lust haben an deinem gesetz
und über deiner weisung murmeln tags und nachts
sie sind wie ein baum
gepflanzt am frischen wasser

2000

Der besen

Und ich sah einen mann in der 126sten straße
einen besen in der hand
zweieinhalb meter straße kehren
sorgfältig beseitigte er abfall und schmutz
auf einer winzigen fläche
mitten in einer riesigen fläche
von abfall und schmutz

Und ich sah einen mann in der 126sten straße
und trauer saß ihm im rücken
zweieinhalb meter straße kehren
abnutzung war in den armen
in einer stadt
in der nur verrückte etwas zu hoffen finden

Und ich sah einen mann in der 126sten straße
einen besen in der hand
es gibt viele arten zu beten
mit dem besen
hatte ich es bislang
noch nicht gesehen

1981

Eine asylantin

Hier ist sie nicht geboren
unsere sprache versteht sie nicht
gearbeitet hat sie ohne papiere
gewohnt hat sie wechselnd
bei einer freundin
in einem container
sie würde gern anfangen
zu arbeiten
hier bei uns

Ihr name ist hoffnung
hier kennt sie niemand

2000

Die freiheit der kinder

Leicht geraten sie ins gefängnis
illegale einwanderer in den reichen staaten
aus den fenstern im gefängnis
sehen sie ihre frauen nachrichten herüberwinken
sie schreien nicht laut genug

Meine freunde stehen den weinenden frauen bei
ihre kleine tochter fragt
kommen sie raus mama
kommen sie heute frei
ich warte hier sagt sie fünfjährig
dann umarme ich sie
ich geh nicht weg
bis sie herauskommen

1990

Ich dein baum

Nicht du sollst meine probleme lösen
sondern ich deine gott der asylanten
nicht du sollst die hungrigen satt machen
sondern ich soll deine kinder behüten
vor dem terror der banken und militärs
nicht du sollst den flüchtlingen raum geben
sondern ich soll dich aufnehmen
schlecht versteckter gott der elenden

Du hast mich geträumt gott
wie ich den aufrechten gang übe
und niederknien lerne
schöner als ich jetzt bin
glücklicher als ich mich traue
freier als bei uns erlaubt

Hör nicht auf mich zu träumen gott
ich will nicht aufhören mich zu erinnern
daß ich dein baum bin
gepflanzt an den wasserbächen
des lebens

2000

Weihnachtsgebet

(Auszug)

Laß dein licht leuchten
allen einsamen der welt
allen alleingelassenen und hinterbliebenen
allen jungen menschen
die sich nicht zuhause fühlen
und allen verlassenen frauen
laß uns nicht an ihnen vorbeisehen
sondern dein licht des trostes verbreiten
laß die einsamen wissen
daß keiner allein ist
nicht im schmerz
nicht in der depression
nicht in der niederlage
um der gerechtigkeit willen
laß uns alle dein licht sehen
damit wir selber licht werden
mach uns stark in deinem licht
der gewaltfreiheit
des gedächtnisses
der solidarität

1984

Die ästhetisch-existenzielle erfahrung

Eine gute geschichte
ein wahrer film
ein nützlicher traum
        das sind häuser zum wohnen
        du wäschst in der küche mit ab
        du ziehst die sachen an die herumliegen
        du lachst mit den lachenden
        und schreist mit den schreienden
        wenn du lang und furchtlos genug
        in allem zu hause warst
        dann wirst du
der erzähler einer wahren geschichte
der regisseur eines nützlichen films
das ich das einen guten traum träumt
        wenn du alle distanz abgegeben hast
        und dich in allen verloren
        gehst du zurück und fängst selber an

zu erzählen was hilft
zu filmen die kämpfen
zu träumen was dich weiterbringt
    das verändernde wird dann
    was es am anfang war
siehe es war alles schön

1981

Sieben wünsche für eine konfirmandin

anläßlich der befestigung[1] ihres bäumchens im leben

Daß du trinkst von dem alten wasser der erde
ohne bitternis[2]

Daß die vögel kommen dir was vorzupfeifen
und du antwortest in f dur oder a moll

Daß die sonne nicht sticht oder versteck spielt
sondern ordentlich tut was sie soll scheinen[3]

Daß dich die weitausgreifenden eltern
nicht überwuchern und dein land nicht überdüngen

Daß du wächst mit den anderen bäumen
einzeln frei und als wald

Daß du wurzeln schlägst in der gerechtigkeit[4]

Daß du dich streckst
bis zu deiner anderen heimat
dem himmel

[1] confirmare, lat., befestigen
[2] exodus 15, 22–25
[3] genesis 1, 16f
[4] psalm 1, 3

2000

Credo

Ich glaube an gott
der die welt nicht fertig geschaffen hat
wie ein ding das immer so bleiben muß
der nicht nach ewigen gesetzen regiert
die unabänderlich gelten
nicht nach natürlichen ordnungen
von armen und reichen
sachverständigen und uninformierten
herrschenden und ausgelieferten
ich glaube an gott
der den widerspruch des lebendigen will
und die veränderung aller zustände
durch unsere arbeit
durch unsere politik

Ich glaube an jesus christus
der recht hatte als er
»ein einzelner der nichts machen kann«
genau wie wir
an der veränderung aller zustände arbeitete
und darüber zugrunde ging
an ihm messend erkenne ich
wie unsere intelligenz verkrüppelt
unsere fantasie erstickt
unsere anstrengung vertan ist
weil wir nicht leben wie er lebte
jeden tag habe ich angst
dass er umsonst gestorben ist
weil er in unseren kirchen verscharrt ist
weil wir seine revolution verraten haben
in gehorsam und angst
vor den behörden
ich glaube an jesus christus
der aufersteht in unser leben
dass wir frei werden
von vorurteilen und anmaßung
von angst und hass
und seine revolution weitertreiben
auf sein reich hin

Ich glaube an den geist
der mit jesus in die welt gekommen ist
an die gemeinschaft aller völker
und unsere verantwortung für das
was aus unserer erde wird
ein tal voll jammer und hunger und gewalt
oder die stadt gottes
ich glaube an den gerechten frieden
der herstellbar ist
an die möglichkeit eines sinnvollen lebens
für alle menschen
an die zukunft dieser welt gottes
amen

1969

Foto: © epd-bild / Boris Rostami-Rabet

Vita

Dorothee Sölle (1929–2003) zählt zu den profiliertesten Theologinnen des 20. Jahrhunderts. In Köln, Freiburg und Göttingen studierte sie Theologie, Philosophie und Literaturwissenschaften. 1954 legte sie ihr Staatsexamen ab und heiratete den Maler und Kunsterzieher Dietrich Sölle.

Aus dieser Beziehung stammen drei Kinder: der Kölner Buchhändler Martin Sölle, die Malerin Michaela Sölle und die in Bolivien arbeitende Ärztin Caroline Sölle.

Zunächst arbeitete Dorothee Sölle als Religions- und Deutschlehrerin in Köln, ab 1960 war sie als Schriftstellerin und freie Mitarbeiterin beim WDR tätig. Nach der Habilitation im Jahr 1971 arbeitete sie als Privatdozentin für Neuere deutsche Literaturgeschichte in Mainz, Kassel und Köln. 1975 bis 1987 lehrte sie als Professorin für systematische Theologie in New York.

Bekannt wurde Dorothee Sölle unter anderem auch durch die von ihr mitentwickelte Form des »Politischen Nachtgebetes«. Das erste fand auf dem Katholikentag 1968 in Essen statt. An der Vorbereitung der Veranstaltung waren u. a. Heinrich Böll und Fulbert Steffensky beteiligt. Thema waren der Einmarsch der Truppen des Warschauer Paktes in die damalige ČSSR, der Vietnamkrieg und die damit verbundene Verantwortung der Christen. In der Folge gab es zahlreiche »Nachtgebete« in Köln, die großen Zulauf fanden. 1969 heiratete Dorothee Sölle in zweiter Ehe Fulbert Steffensky, der u. a. in Köln und Hamburg als Professor für Religionspädagogik tätig war. Gemeinsam wirkten sie in der internationalen Ökumene. Ihre Tochter Mirjam Steffensky hat eine Professur für Chemiedidaktik an der Universität Hamburg.

Dorothee Sölle verfasste zahlreiche Bücher, die weithin Beachtung fanden, unter anderem das Werk *Mystik und Widerstand*, sowie eine Reihe von Gedichtbänden. Ihre Präsenz auf Kirchentagen, ihre Anregungen für eine feministische Theologie, das Engagement in der Friedens- und Umweltbewegung und das Eintreten für weltweite Gerechtigkeit zeigen eine Theologie, die gesellschaftliche Verantwortung übernimmt.

Quellennachweise

Die unter den Texten in diesem Buch genannten Jahreszahlen beziehen sich auf das Jahr der Erstveröffentlichung. Manche Texte wurden zuvor in Predigten, Vorträgen oder Sammlungen verwendet.

aus: Meditationen & Gebrauchstexte, Schritte 16
© Wolfgang Fietkau Verlag, Berlin 1969

S. 33	In dieser nacht (S. 29)
S. 60	Als jesus kam (»Als er kam«), Auszug
S. 147	Credo (S. 24)

aus: Die revolutionäre Geduld, Schritte 26
© Wolfgang Fietkau Verlag, Berlin 1974

S. 22	Konzentrationsübung (S. 8)
S. 28	Song auf dem weg nach emmaus (S. 10)
S. 66	Meditation über lukas 1 (Zyklus: Die Bibel weitererzählen; S. 14–15)
S. 92	Kinder ohne schuh (S. 30)
S. 93	Der lange marsch (S. 19)
S. 107	Viele menschen lassen sich verlocken zum frieden, Auszug aus: Der lange marsch, in: Die revolutionäre Geduld (S. 19)
S. 115	Der frieden (S. 29)

aus: Fliegen Lernen, Gedichte
© Wolfgang Fietkau Verlag, Berlin 1979

S. 41	Vom baum lernen (S. 4)

aus: Spiel doch von Brot und Rosen, Gedichte

aus: Verrückt nach Licht, Gedichte

aus: Zivil und ungehorsam, Gedichte

S. 3, 26, 39	Was sind die namen der hoffnung / Zärtlich dreht sich die erde, Auszüge aus: Tränen der schöpfung (S. 128–130). Zuerst in: »Sunt lacrimae rerum«, Oratorium für den Planeten des Lebens. Musik: Daniel Glaus. Texte: Dorothee Sölle u. a., Bern 1989
S. 15	Vielleicht schon morgen, Auszug aus: Street flower, in: Zivil und ungehorsam (S. 100)
S. 17	Street flower (S. 100)
S. 43	Morgens (S. 31)
S. 54	Durchwachte nacht (S. 53)
S. 65	Gebet nach dem 90. psalm; I (S. 61)
S. 70	Ein klagegebet (S. 5)
S. 73	Ich bin nicht allein (S. 27)
S. 76	Römer 7 (S. 52)
S. 77	Ein liebesgedicht (S. 34)
S. 102	Johannes 20 vers 13 (S. 136)
S. 104	Kyrie (S. 69)
S. 106	Gebet nach dem 1. johannesbrief 3 vers 2 (S. 108)
S. 110	Die zuschauerin (S. 114)
S. 116	Gebet nach dem 90. psalm; II (S. 60)
S. 118	Der dritte weg (S. 137)
S. 137	Die freiheit der kinder (S. 141)

aus: Loben ohne lügen, Gedichte

S. 34	Zwischen zwei ängsten (S. 35)
S. 36	Lukas 9 vers 58 (S. 71)
S. 45	Breathe on me breath of god (S. 26)
S. 50	Credo für die erde (S. 43)
S. 52	Deine werke sind groß und viele (S. 42)
S. 57	Manchmal träum ich von einer großen decke, Auszug aus: Zwischen zwei ängsten (S. 35)
S. 75	Die fehlenden akkorde im gesangbuch (S. 86)
S. 79	Gott lass uns jeden tag deine stimme hören, Auszug aus: Deine leuchtende stimme (S. 108)
S. 81	Deine leuchtende stimme (S. 108)
S. 84	Ohne zu lügen (S. 15)
S. 91	Ein leeres kinderzimmer (S. 105)
S. 120	Zeitansage (S. 7)
S. 130	Minderheiten (S. 14)
S. 135	Eine asylantin (S. 78)
S. 137	Ich dein baum (S. 12)
S. 144	Sieben wünsche für eine konfirmandin (S. 19)

Die Seitenangaben hinter den Texten (in Klammern) beziehen sich auf die jeweiligen Originalausgaben.

Bildnachweis:
Illustrationen im Innenteil von stock.adobe.com: S. 16 Garkusha-Art / S. 40 Максим Зайков / S. 46, 129 artisttop / S. 52 Віталій Баріда / S. 64 Victoria / S. 72 ColorValley / S. 74 ngupakarti / S. 99 ad_stock / S. 100 Rizal / S. 111 MariMuz / S. 132 Simple Line / S. 138 MDRAJU

Besuchen Sie uns im Internet:
www.bene-verlag.de

MIX
Papier | Fördert gute Waldnutzung
FSC® C014496

Ein Imprint der Verlagsgruppe
Droemer Knaur GmbH & Co. KG
Landsberger Straße 346, 80687 München

Redaktion: Stefan Wiesner und Barbara Zillmann
Gestaltung: Maike Michel
Coverfoto: © Brigitte Friedrich
Druck und Bindung: GGP Media GmbH, Pößneck
ISBN 978-3-96340-303-3

Kontaktadresse nach EU-Produktsicherheitsverordnung:
produktsicherheit@droemer-knaur.de

5 4 3 2